世界のエリートとか関係なく

面白い摂談

佐伯 ポインティ

JN214544

まえがき

この本は猥談を楽しく話せる、日本初の完全会員制のバー「猥談バー」で語られた猥談の中から、面白かったものを選りすぐって、バイブス※でまとめたものです！

猥談バーはそもそも、僕、佐伯ポインティが「飲み会って、エロい話してる時間が一番面白くない！？」と常々思っていたので、猥談だけ話すバーがあってもいいじゃん！ とTwitterで告知して始めてみたイベントでした。何度かイベントを開催するうちにエロい人がエロい人を呼び、どんどん規模が大きくなっていき、最終的にクラウドファンディングで資金を７００万円ほど集めて実店舗を構えることになりました。エロい人たち多すぎてヤバみィ※！

猥談バーに集まる人々の年齢や性別は様々。20〜30代を中心に、40〜50代の会員もいたりします。経験豊富すぎる人から、童貞や処女の

※バイブス……雰囲気やテンション、ノリ、気持ちなど。
※ヤバみ…ヤバい。ヤバさが詰まっていること。
※アゲ…気分がポジティブな方向に向上すること。

人まで来ます。猥談バーでは性癖の否定や、連絡先交換、身体接触はすべてNG。誰もが純粋に猥談だけを楽しめる環境を目指しました。ハイパーグッドデザイン賞を自分にあげたいです。

猥談バーを経営して分かったのは、猥談には、人類のハッピーでチャーミングでアホな部分が詰まっているということです。そして、そういう猥談で笑っている時は、人生の退屈さを忘れられる幸福な瞬間だと思います。

この本を読んでくださっている皆さんが、猥談バーにいる時間のように笑って、少しでもハッピーな気持ちになってくれたらアゲ※です〜!!

2019年8月
本書が90億部 売れることを願って

株式会社ポインティCEO
佐伯ポインティ

contents

まえがき 002

アメイジング猥談 005

今夜から使える猥談 031

エモい猥談 055

ドラマチック猥談 079

あとがき 102

AMAZING WAIDAN

アメイジング猥談

人類の可能性を感じて思わず「ワ〜〜オ!」と言いたくなる、
そんな祝福すべき猥談たちが「アメイジング猥談」です。
聞いていると、人類ってまだ
進歩の途中なのかも!? とワクワクします。

アメイジング猥談
AMAZING WAIDAN

初めて駅弁した時に
背中から倒れ込んでしまい
ガラステーブルを
ぶち壊して終わった

補 この後、病院で抜いてもらったそうです
　（刺さったガラスを）

アメイジング猥談
AMAZING WAIDAN

スパンキング中に
「常識人ぶりやがって」と
言われたけど
シンプルに悪口

㊥ スパンキング中には本音が出ますよね

アメイジング猥談
AMAZING WAIDAN

髪を白色に染めた
赤い口紅の女子と
騎乗位でセックスしたら、
歌舞伎みたいになってた

伝統芸能2.0

アメイジング猥談
AMAZING WAIDAN

ドMで落語家の彼に、
「姉弟子になりきって
『寿限無』を演じながら
フェラしてほしい」と言われた

㋭ 伝統芸能3.0

アメイジング猥談
AMAZING WAIDAN

小学生の頃、
性的なことだと知らずに
英検会場で
オナニーしていた

㊎ 周りの大人からは、クセの強い天才児に見えたでしょうね

アメイジング猥談
AMAZING WAIDAN

大学の誰もいない教室で
全裸になりたくなって
3限で全部脱いだ女子

ホ リスクとりすぎワロタァ!

アメイジング猥談
AMAZING WAIDAN

禁欲的な女子校にいたため
「エロいことはいけない」と
思いつつ、化学部だったので
実験のていで
割れない試験管を使って
オナニーしていた

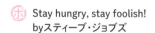
Stay hungry, stay foolish!
byスティーブ・ジョブズ

アメイジング猥談
AMAZING WAIDAN

脚の筋肉は
血液のポンプになるので
鍛えることで
めちゃくちゃ
勃起に繋がる

㊗ 勃起力に悩んでいるなら、スクワットしろ。
byスティーブ・ジョブズ

アメイジング猥談
AMAZING WAIDAN

講義中、大学教授と
お互いに
遠隔操作し合った
女子大生

ホ 講義中、教授めっちゃクネクネしてたって言ってました

アメイジング猥談
AMAZING WAIDAN

エロい女性と
テレフォンセックスしたら
「今自宅？ 外に出なさい……」
と指示されて、導かれるまま
外に出ていた

ホ 導入がメリーさんの怪談と同じでワロタァ

アメイジング猥談
AMAZING WAIDAN

アダルト業界の面接で
リクルートスーツの下に
セルフ亀甲縛りをしていった

㊙ 彼はこれで内定をゲットしたそうです

アメイジング猥談

ねぶた祭りの後、
はじけて汗だくになって
トランス状態になるので
すごい人数が青姦している

㊥ 行くぜ、東北

アメイジング猥談
AMAZING WAIDAN

発情期の猫のお尻を
和やかに
マッサージしていたら
猫が潮吹きした

㊋ マッサージものでよくある展開

アメイジング猥談

連絡せずに
実家に帰る時、
お母さんが不倫している
ところを想像して
オナニーしちゃう女子

ホ 『昼顔』を全部お母さんで脳内再生したそうです

アメイジング猥談
AMAZING WAIDAN

「お風呂の栓をしたまま超高温シャワーを浴びて、上下から熱湯責めをする」というセルフSMプレイをし続けた結果、シャワーをひねると濡れる境地に辿り着いた

ホ 『HUNTER×HUNTER』のネテロじゃん

アメイジング猥談
AMAZING WAIDAN

学生時代、バナナを半分食べて残り半分を被せてオナニーしていた。気持ちいいし、後処理が楽だし、お腹いっぱいになるし一石三鳥で、これを「バナニー」と呼んでいた

賢いゴリラのやること

アメイジング猥談
AMAZING WAIDAN

アメリカ人の彼氏と赤ちゃんプレイをして「マム」と呼ばれていた

🔴 彼はオムツにお漏らしして
「I'm a bad boy...（僕は悪い子です……）」と言ったそうです

アメイジング猥談
AMAZING WAIDAN

オムツを履いて
お漏らしプレイをしたら
1秒でお漏らしした

ホ 早さ競ってんの!?

アメイジング猥談
AMAZING WAIDAN

巨大娘フェチなので、
新宿にある
コクーンタワーを
ディルドとして使うくらいの
女性が好き

赤 僕の元カノは、コクーンタワーのモード学園に通ってました

アメイジング猥談
AMAZING WAIDAN

相席屋で
飲みすぎて泥酔し、
気がついたら練馬で
元彼に電話しながら
漏らしていた

ホ 人生でこれだけは避けたい瞬間

アメイジング猥談
AMAZING WAIDAN

女体盛りをしたら
お腹を壊した

熱盛ィ！

アメイジング猥談
AMAZING WAIDAN

彼氏のすべてが好きすぎて
毎食、彼のウンコを食べてたら
体調を崩した。
病院に行ったら
医者に「ウンコは1日1本まで」
と言われた

🍫 一本満足

アメイジング猥談

パンが性的に好きすぎて
好みのパンに出会うと
勃起してしまう

㊧ サンドイッチは勃起不可避だそうです

アメイジング猥談
AMAZING WAIDAN

テレフォンセックスで
相手の男性が
声色を変えて3人に分身。
4Pした

 Oh! Ninja!

アメイジング猥談
AMAZING WAIDAN

バイブに傾倒し
30本集めたけど
猛暑日にゴムが
溶けてしまい、
すべてがひとつになった

ホ 『AKIRA』みたいになっとる

HELPFUL WAIDAN

今夜から使える猥談

長く付き合っていると、デートやセックスは
どうしてもマンネリ化しがち。習慣や日常を打開する
刺激やアイデアになるのが「今夜から使える猥談」です。
この章だけは人生で役立ちます。

今夜から使える猥談
HELPFUL WAIDAN

長年イカせられなかった彼女を
初めて手で
イカせられた秘訣は、
趣味のボルダリングだった

ボルダリングジムの広告コピーにしたい

今夜から使える猥談
HELPFUL WAIDAN

クリトリスの触り方は
人それぞれ好みが
違いすぎて難しいけど、
チンコの触り方で
再現してもらい、
同期させることでうまくいく

🔴 きっと、うまくイク

今夜から使える猥談
HELPFUL WAIDAN

オナニーの時、
手に出すと実は
後片付けがメッチャ楽

 エコい

今夜から使える猥談
HELPFUL WAIDAN

オナニーで気分が乗らない時でも 「ごめんなさいっ!!」って 言いながらだと必ずイク

🔴 ゲームの裏技みたいな感じで紹介してました

今夜から使える猥談
HELPFUL WAIDAN

Apple Watchを着けたまま
電マでオナニーすると
1万歩以上歩いたのと
同等のカロリーを
消費できる

ホ どこにも行ってないのに、イッてるね!!

今夜から使える猥談
HELPFUL WAIDAN

スマブラが上手い人はセックスも上手い

㊑ ※個人の感想です

今夜から使える猥談
HELPFUL WAIDAN

Apple Watchを着けながら
セックスしたら、
アナルに指を
突っ込まれた瞬間に
心拍数がバッと上がってた

㊖ 心臓が弱い人のアナルに指を突っ込む時は要注意

今夜から使える猥談
HELPFUL WAIDAN

Googleスプレッドシートに
同時にログインして
同じセルを選択してる時は
ほぼセックスだと思う

🈴 朝からオフィスで
めちゃくちゃな人数と乱交してるそうです

今夜から使える猥談
HELPFUL WAIDAN

お互いの汁を
確かめ合うセックスを
したいがために
グレーの下着を用意した

㊥ 興奮してるかどうかは、
　白黒はっきりつきますけどね!

今夜から使える猥談
HELPFUL WAIDAN

紐パンの
正しい脱がせ方は
口だけで
ほどくことである

発想がノーベル賞！

今夜から使える猥談
HELPFUL WAIDAN

手マンした後、
私の太ももで
汁を拭いたやつは
マジで死に値する

㊙ まだ名前のない罪

今夜から使える猥談
HELPFUL WAIDAN

正常位の時、男の子から
膝にチューされると
めちゃくちゃ
好感度が上がる

㊆「ありがとう」がちゃんと言える人っぽいですね

今夜から使える猥談
HELPFUL WAIDAN

セックス中に
50までの素数を
男の子に言ってもらうと、
考えながら腰を振るから
可愛くなる

♥ 19(イク)も素数ですね

今夜から使える猥談
HELPFUL WAIDAN

彼氏のチンコに名前を付けると、ペットがいる感じになって女子からでもエロい会話がしやすい。例えば相手の名前が「太郎」だったら、チンコに「小太郎」と名付けて「小太郎、すっごい元気だね〜！」とか「小太郎、今日チューしたがってるのかな……？」と言う

例「明日はもっと楽しくなるよね、ハム太郎?」「へけっ!」

今夜から使える猥談
HELPFUL WAIDAN

挿入時に動き方の好みが分からないので、家系ラーメンみたいに注文してほしい

赤 硬め・早め・深めで！

今夜から使える猥談
HELPFUL WAIDAN

彼女にオナホを
静止させられて
「ほら、気持ち良くなりたいなら
自分で動いてみなよ……」
と言われて腰を振る流れ、
大射精する

今夜から使える猥談
HELPFUL WAIDAN

イク寸前に笑わせられると
全然気持ち良くないままイク

㊙ 実は今夜から使えないテク

今夜から使える猥談
HELPFUL WAIDAN

爆笑しながらセックスすると
「くすぐられすぎてバグった子供」
みたいになって
爽やかな快感が訪れる

㊩ 悟空とフリーザになりきってセックスしたそうです

今夜から使える猥談
HELPFUL WAIDAN

100均プレイで
エロのクリエイティブ脳を
育てる

赤 人類の可能性を広げそうな前戯

今夜から使える猥談
HELPFUL WAIDAN

セフレの男の子と
セックスする時、
顧客満足度向上のために
毎回録音させていただく

㊙ コールセンターの手法

今夜から使える猥談
HELPFUL WAIDAN

セックス後に「今日のあなたのセックス、何点だったと思う?」と聞く。大抵の男性が「73点くらい……?」と控えめに言うので、そこで「正解は……63億9700万点でした〜!!」って言うとめちゃ喜ばれる

ポ 仕事にも育児にも応用できる、素晴らしい褒め方!

今夜から使える猥談
HELPFUL WAIDAN

男女2人ずつの旅行で
ベッド決めのジャンケンを
することになった時、
いい感じだった女の子から
「グー出し続けて」と
メールが来た

🈲 たかがジャンケン、そう思ってないですか?

EMOTIONAL WAIDAN

エロい体験や関係性で湧き上がった、
まだ名前の付いていない感情……
「エモい」としか表現しようのない猥談を集めました。
平安時代だったら和歌になってましたよ?

エモい猥談
EMOTIONAL WAIDAN

顔が好みな男性と
キスしてる時に
「ンマンマ」言ってて
最高に萎えた

赤 口は災いのもと

エモい猥談
EMOTIONAL WAIDAN

最近、相手の喘ぎ声が
アンパンマンのチーズの
鳴き声に聞こえるので
無言でセックスしている

アンアンアーン！

エモい猥談
EMOTIONAL WAIDAN

「胸毛を抜かせて」と
女性に誘われて、
本当に胸毛を
抜かれただけで帰った

㊗ 部活の「やる気がないなら帰れ」で
本当に帰るタイプ

エモい猥談
EMOTIONAL WAIDAN

彼女とセックスできなくて帰りの公園で3回オナニーした

赤 くっそ！ 空でも見上げるか……

エモい猥談
EMOTIONAL WAIDAN

オナニーの
限界に挑戦した時、
YouTubeの関連動画で
辿り着いた
プロレス技を見ながら射精した

🈺 元気があれば何でもできる!!!

エモい猥談
EMOTIONAL WAIDAN

Twitter上の
エロいアカウントに
オフパコを誘うリプライを見て、
その文字だけで
オナニーすることがある

㊥ こういう人が平安時代に
和歌でオナニーしてたんだと思う

エモい猥談
EMOTIONAL WAIDAN

親友の男子2人と3Pした時、
フェラしながら挿れられて
「あ、エロ漫画で見たやつだ!」
となった

ホ 「ここ、進研ゼミでやったとこだ!」

エモい猥談
EMOTIONAL WAIDAN

女子2人、男子1人で
AV鑑賞会をしてたら
女の子たちがムラムラして、
2人にお風呂に誘われて
スリーピースした

赤 あれもしたい これもしたい
　 もっとしたい もっともっとしたい

エモい猥談
EMOTIONAL WAIDAN

お父さん（医者）のパソコンを見たら
「神経系」と名前が付いたフォルダに
エロ動画が大量にあったので
とりあえずUSBメモリにコピーして
保存した

ホ 『DEATH NOTE』みたいな心理戦

エモい猥談
EMOTIONAL WAIDAN

セックスが終わったら
すぐに相手のチンコを
写真に撮る癖があり、
後で我が子の写真のように
見返している

㊌ ペットの写真を待受にするタイプですね

エモい猥談
EMOTIONAL WAIDAN

可愛いふたなりの
台湾人に出会い、
脱いで見せてもらえたのに
自分は童貞だったので
「クールだね」と
言うことしかできなかった

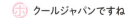 クールジャパンですね

エモい猥談
EMOTIONAL WAIDAN

童貞なのに
モテると思われた挙句
「スローセックス上手そう」
と言われ、何が早いか遅いかも
分からないのに
セックスすることに
なってしまった

🔴 ラノベのタイトルっぽい

フェラの時、
彼氏が必ずメガネを
かけ直す

ホ ハズキルーペをかけると、世界が変わるゥ!

エモい猥談
EMOTIONAL WAIDAN

チンコが小さい人ほど
「もっと奥までくわえて」と
言ってくる（お前がこい）

🈺 言わばエゴとエゴのシーソーゲーム

エモい猥談
EMOTIONAL WAIDAN

我慢汁が多く出ちゃうのが
恥ずかしいから
我慢汁を我慢しようとするが
そうすると
興奮してもっと出る

㊈ ちょっと詩みたいになっちゃってますね

エモい猥談
EMOTIONAL WAIDAN

高校時代、写真部の暗室で
バトン部の女の子と
エロいことをするために
合鍵を作りに走った時、
大人の階段を登った気がした

㊗ えっ、部活は?

エモい猥談
EMOTIONAL WAIDAN

寝取られ好きの彼氏が
オナニーしながら
過去のセックスについて
聞いてきたので、
MOROHAみたいな感じで
チンコに語りかけてあげた

ごめんな友よ 俺はもうイクよ

エモい猥談
EMOTIONAL WAIDAN

浮気を許しちゃう彼氏と
付き合っていて
合計8回浮気した彼女が、
5〜6回目あたりから
「ごめん浮気しちゃった!
ごはん奢るね!」
と言い出した

㊗ 大戸屋のランチくらいの感覚

エモい猥談
EMOTIONAL WAIDAN

「こんなことしていいの……?」
って聞いて相手が
「分かんないよ〜」って
とぼけ出してからが本番

ホ 運動前の準備体操に近い

エモい猥談
EMOTIONAL WAIDAN

童貞の時、相手が生理で何すればいいか分からず、口、左耳、左乳首、右乳首、右耳のペンタゴンを舐め続けた

㊙ 朝5時まで舐め続けたそうです

エモい猥談
EMOTIONAL WAIDAN

ラブホで浮気した後に
寝落ちしてしまい、
彼女が待つ家に走って帰る途中で
コンドームをつけっぱなしなことに
気付いて、歩道橋から放り投げた

ホ 『トレインスポッティング』みたいなスピード感

エモい猥談
EMOTIONAL WAIDAN

飼い主のオナニー中は
遊んでもらえないから、
オナニーが終わると犬が
喜ぶようになってしまった。
部屋で「イク!」って言ったら
犬がめっちゃ跳ね出す

赤 本当にあったパブロフの犬

DRAMATIC WAIDAN

ドラマチック猥談

一生に一度あるかないかの劇的なエロい体験……。
そんな人生の希少部位を切り取ったのが
「ドラマチック猥談」。僕が石油王だったら
ひとつひとつ映像化したいです。

ドラマチック猥談
DRAMATIC WAIDAN

オフ会で5人集まって宅飲みしてた時にセックスが2組始まったが、そこで唯一オナニーしていた人のハンドルネームが「侍」

悪い意味でラストサムライ

ドラマチック猥談
DRAMATIC WAIDAN

彼女と神社で
セックス中、
「バチ当たっちゃう……」
って言われながらイッた

 熱盛イ!

ドラマチック猥談
DRAMATIC WAIDAN

映画『007』のセリフで
「ロシア人は前戯しない
男を殺す」と言っているのを
子供の頃に観たので、
大人になってから
超前戯するようになった

㊉ 007は二度クンニする

ドラマチック猥談
DRAMATIC WAIDAN

日本語が喋れない台湾人の男性と
言葉が通じないまま
エロいことをしたら、
挿入に至らないまま
手コキでイってしまい
「MOTTAINAI……」と言っていた

合っとる!!

ドラマチック猥談
DRAMATIC WAIDAN

地方から初めて東京に来た
新卒の女子とアプリで出会って、
会ったその日に自宅でセックス。
挿入後にその子がブツブツ
言い出したので、よく聞いたら
「東京すげえ……東京すげえ……」
と言っていた

ホ 東京代表としてセックスしたそうです

ドラマチック猥談
DRAMATIC WAIDAN

出会い系で会った人と
自宅でエロいことをする前に
人生ゲームをやって
人生設計力を見せつけた

㊗ 約束手形もらいまくると、逆に色気出るよね

ドラマチック猥談
DRAMATIC WAIDAN

右耳に録音した
言葉責めを聞かせて、
左耳にライブで言葉責めした

ホ ささやきDJ責め太郎

ドラマチック猥談
DRAMATIC WAIDAN

彼女が風俗で働きだして
寝取られ好きになり、
その風俗店のメルマガを
購読し始めた

ホ 彼女の出勤情報でヌイてたそうです

ドラマチック猥談
DRAMATIC WAIDAN

自分のチンコに自信がある人、
才能はあるけど
努力しないから傲慢になりがち

ホ 『アイシールド21』の阿含じゃん

ドラマチック猥談
DRAMATIC WAIDAN

自分で体を開発していたから、
初めて彼氏ができた時に
キスだけでイッてしまって
自分の才能が怖くなった

ホ MARVEL映画の冒頭か

ドラマチック猥談
DRAMATIC WAIDAN

母校の茶道部の
茶室に敷いてある畳には、
私が初体験の時にこぼした
精子の跡がある

ホ お茶もちんぽもたててたんですね

ドラマチック猥談
DRAMATIC WAIDAN

うつ病だった時期、
フェラだけはやる気があって
主な栄養分は
彼氏の精子だった

㊗ 完全栄養食

ドラマチック猥談
DRAMATIC WAIDAN

エロに関係ないことしながら
クリオナするのにハマってしまい、
女友達と普通に電話しながら
絶頂時だけ「ファッ」って言う

ホ クリトリス「もしもし〜?」

ドラマチック猥談

単なる友達だった男子が
セフレ→上司→ドM
になった。
出世魚みたい

赤 最後、出世してる?

ドラマチック猥談
DRAMATIC WAIDAN

彼氏の未開発アナルに
「挿れてみたいなぁ……
挿れてみたいなぁ……」と
稲川淳二みたいに
迫っている

ボ アナル「ゆうてますけどもね!」

ドラマチック猥談
DRAMATIC WAIDAN

嵐のデビューシングル発売日、
「A・RA・SHI」を
リピート再生しながら
童貞を卒業することになったものの、
冒頭の櫻井くんの
ラップパートで射精した

ホ 時期尚早！ 時期尚早！

ドラマチック猥談
DRAMATIC WAIDAN

彼の手を縛って
緊縛セックスしたら
飼い猫が縄にじゃれてきて
かわいかった

 オトモアイルーみたい

ドラマチック猥談
DRAMATIC WAIDAN

エジプトに旅行した時、
船でガイドの男性と
イイ感じになった時に
ちょうど砂嵐が来た

ホ エジプトの恋愛漫画のお約束みたいでワロタ

ドラマチック猥談
DRAMATIC WAIDAN

かなり田舎で育ったので、
セックスする場所がなさすぎて
建築中の一軒家でしてた。
地元を離れた後、故郷に帰ると
その一軒家が完成していた

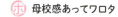
母校感あってワロタ

ドラマチック猥談
DRAMATIC WAIDAN

公衆トイレで
彼氏とセックスした時
外で音を聞いてる人たちがいたが、
「喘ぎ声のボリューム上げてくぞ!」と
アーティストみたいな
気持ちになった

 アリーナ〜〜!

ドラマチック猥談
DRAMATIC WAIDAN

映像クリエイターなので
ハメ撮りは
一回のRECの中で
展開を考える。
カメラは止めない

 撮影は続ける!

ドラマチック猥談
DRAMATIC WAIDAN

富山にあるリアス式海岸の
崖でセックスしていたら
漁船が4つ来た

ホ これが本当のボン・ボヤージュ

あとがき

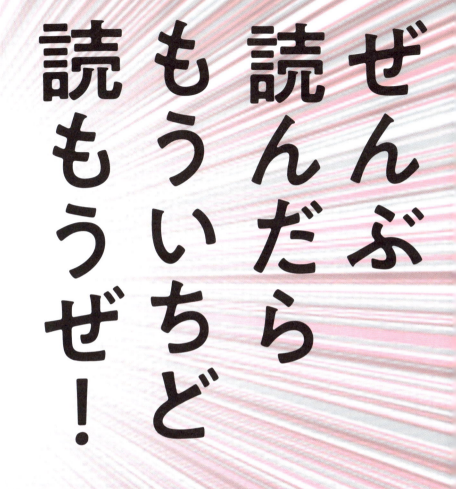

ぜんぶ読んだらもういちど読もうぜ！

佐伯ポインティ（さえき・ぽいんてぃ）

株式会社ポインティCEO（チーフ・エロデュース・オフィサー）。1993年、東京生まれ。早稲田大学 文化構想学部を卒業後、株式会社コルクに漫画編集者として入社。2017年に独立しエロデューサーとして活動を始め、その後バイブスで起業。2018年に日本初の完全会員制「猥談バー」をオープン。赤子体型だが、精神はハッピーギャル！　バイブスは高め↑↑
Twitter：@boogie_go

世界のエリートとか関係なく
面白い猥談

2019年8月30日　第1刷発行

著　　者	佐伯ポインティ
編集・構成	三浦修一（スモールライト）
装　　丁	松田 剛＋大朏菜穂（東京100ミリバールスタジオ）
イラスト	おほしんたろう
編集協力	ヒュジワラ彰吾、室井順子（スモールライト）
写真協力	Alamy

発行者	中村孝司
発行所	スモール出版

〒164-0003
東京都中野区東中野3-14-1　グリーンビル4F

株式会社スモールライト
電話　03-5338-2360
FAX　03-5338-2361
e-mail　books@small-light.com
URL　http://www.small-light.com/books/
振替　00120-3-392156

印刷・製本　中央精版印刷株式会社

定価はカバーに表示してあります。乱丁・落丁（本の頁の抜け落ちや順序の間違い）の場合は、小社販売宛にお送りください。送料は小社負担でお取り替えいたします。なお、本書の一部あるいは全部を無断で複写複製することは、法律で認められた場合を除き、著作権の侵害になります。

©Saeki Pointy 2019
©2019 Small Light Inc.

Printed in Japan
ISBN978-4-905158-69-1